Dr. Norbert Herbig

Nutzwertanalyse

Eine Methode zur Bewertung von Lösungsalternativen und zur Entscheidungsfindung

Bibliografische Information der Deutschen Nationalbibliothek:

Die Deutsche Nationalbibliothek verzeichnet diese Publikation in der Deutschen Nationalbibliografie; detaillierte bibliografische Daten sind im Internet über http://dnb.dnb.de abrufbar.

© 2016 Dr. Norbert Herbig

Illustration: Dr. Norbert Herbig

Herstellung und Verlag: BoD – Books on Demand, Norderstedt

Kleingedrucktes:
Alle Rechte, insbesondere das Recht der Vervielfältigung und Verbreitung sowie der Übersetzung vorbehalten. Kein Teil des Werkes darf in irgend einer Form (durch Fotoko-pie, Mikrofilm oder ein anderes Verfahren) ohne schriftliche Genehmigung des Verlages reproduziert oder unter Verwendung elektronischer Systeme verarbeitet oder verbreitet werden.

Alle in dieser Veröffentlichung enthaltenen Angaben, Ergebnisse usw. wurden vom Autor nach bestem Wissen erstellt und von unbeteiligten Fachleuten mit größtmöglicher Sorgfalt überprüft. Gleichwohl sind inhaltliche Fehler nicht vollständig auszuschließen. Daher erfolgen alle Angaben ohne jegliche Verpflichtung oder Garantie des Verlages oder des Autors. Sie garantieren oder haften nicht für etwaige inhaltliche Unrichtigkeiten (Produkt-haftungsausschluss).

Printed in Germany

ISBN: 978-3-734-75124-0

Inhaltsverzeichnis

Einleitung 5

Phasen der Nutzwertanalyse 5

   Ziele formulieren 8

   Bewertungskriterien formulieren 8

   Gewichtungsfaktoren ermitteln
   (Paarweiser Vergleich) 12

   Alternativen auswählen 14

   Zielerfüllungsfaktoren ermitteln 14

   Teilnutzwerte ermitteln 15

   Gesamtnutzwerte ermitteln und Rangfolge
   der Alternativen ausweisen 17

   Interpretation des Ergebnisses 19

Mehrstufige Ermittlung der Bewertungskriterien
und Gewichtungsfaktoren 19

Verfeinerung des Maßstabs der
Zielerfüllungsfaktoren 21

Berücksichtigung der wirtschaftlichen
Bewertungskriterien in der Nutzwertanalyse ... 25

Darstellung der Ergebnisse 28

Zusammenfassung 32

Anhang 33
   Formular – Paarweiser Vergleich 33
   Formular – Ermittlung Nutzwert 34
Glossar 35
Verzeichnis der Abbildungen 36
Der Autor 38
Der Impuls 38
Das Buch 39
2. Auflage 39

Einleitung

Die Methode Nutzwertanalyse ist ein Werkzeug, das zur systematischen Bewertung von Handlungs- und Lösungsalternativen eingesetzt werden kann.
Mit Hilfe der Bewertung wird ermittelt, welche Alternative das vorgegebene Ziel bzw. die vorgegebenen Ziele am besten realisiert.
Das setzt zunächst einmal voraus, dass Ziele vorliegen.
Der besondere Vorteil der Nutzwertanalyse liegt nun darin, dass ....

- mehrere Ziele gleichzeitig zur Bewertung herangezogen werden können (z.b. Sachziele, ökologische Ziele, soziale Ziele) und
- neben den in Zahlen ausdrückbaren, d.h. quantitativen Zielen auch solche, die lediglich vergleichend beurteilt werden können, d.h. qualitative Merkmale mit einbezogen werden können.

Die Handlungs- oder Lösungsalternativen werden eventuell unter Einbeziehung der aktuell praktizierenden Lösung in eine Rangfolge nach dem Grad der Zielerfüllung gebracht.
Häufig wird die Nutzwertanalyse dazu eingesetzt, nicht monetäre Zielsetzungen zu bewerten. Daher empfiehlt es sich, zuerst alle nicht-monetären Zielvorgaben zu bewerten und am Ende mit den monetären Zielen zu vereinen.

Phasen der Nutzwertanalyse

Der Ablauf der Nutzwertanalyse kann in drei Phasen (Konzeptions-, Bewertungs- und Ergebnisphase) gegliedert werden, die ihrerseits wiederum in weitere Schritte unterteilt werden (siehe Abbildung 1).

In der **Konzeptionsphase** werden die Ziele zusammengestellt oder, wenn noch nicht vorhanden, formuliert. Für diese werden dann Bewertungskriterien ermittelt. Die zu bewertenden Alternativen werden ebenfalls gesammelt. Diese erste Phase sollte bereits vorhandene Zielkriterien noch einmal überdenken und gegebenenfalls anpassen, erweitern oder detaillieren.

In der zweiten Phase, der **Bewertungsphase** im eigentlichen Sinne, werden die Bewertungskriterien gewichtet, um ihrem unterschiedlichen Stellenwert Ausdruck zu verleihen. Die Alternativen werden dann anhand der gewichteten Bewertungskriterien untereinander verglichen.

In der **Ergebnisphase** errechnen sich aus den Werten der zweiten Phase Teilnutzwerte, Gesamtnutzwerte und eine Rangordnung der Handlungs- und Lösungsalternativen. Ein Teilnutzwert quantifiziert den Zielerreichungsgrad einer Alternative hinsichtlich eines Bewertungskriteriums. Der Gesamtnutzwert quantifiziert den Zielerreichungsgrad einer Alternative in allen berücksichtigten Bewertungskriterien. Die Rangordnung zeigt, welche Alternativen am besten, zweitbesten, ... die gesetzten Ziele erreichen können.

In jeder der drei Phasen werden mehrere Einzelschritte durchgeführt, die im Folgenden anhand eines Beispiels und einiger Abwandlungen erklärt werden. Ferner werden Anwendungsregeln gegeben. Die Vorgehensweise bei der Durchführung von Nutzwertanalysen ist in Abbildung 1 dargestellt.

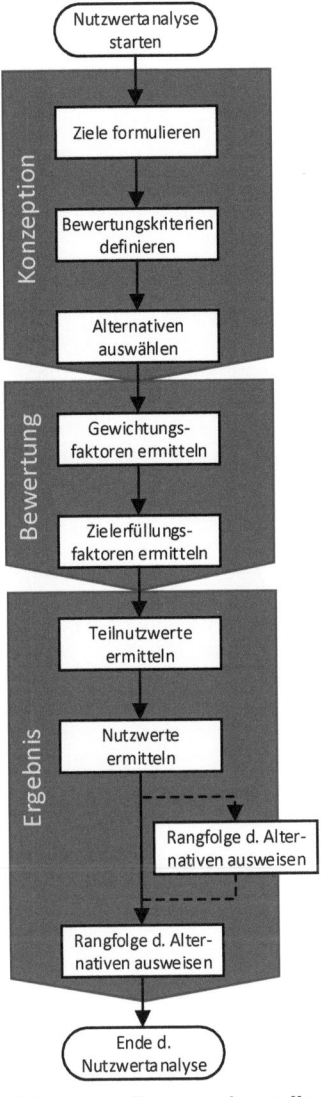

Abbildung 1: Prozessdarstellung

Ziele formulieren

Im Folgenden wird ein vereinfachtes Beispiel die Nutzwertanalyse verdeutlichen: Ein Unternehmen produziert Produkte, die mit Hilfe eines Kleintransporters an Kunden ausgeliefert werden. Der bisher bestehende Kleintransporter ist in die Jahre gekommen und muss durch ein neues Modell ersetzt werden, das folgende Ziele erfüllen soll:
1) Der Kleintransporter soll wirtschaftlich sein.
2) Da die Produkte des Unternehmens sehr groß sind, muss das Laderaumvolumen des Kleintransporters möglichst groß sein.
3) Ferner muss er sich als ganztägiger Arbeitsplatz des Fahrers eigenen; insbesondere muss die ergonomische Gestaltung des Fahrzeugs die Belastungen des Fahrers minimieren.
4) Ferner sollte der Kraftstoffverbrauch gering sein.
5) Um die Umweltbelastungen gering zu halten, sollte der CO_2-Ausstoss gering sein.

Zu beschaffen ist deshalb das Fahrzeug mit dem größten Nutzwert, also der Kleintransporter, der diese fünf Ziele aufgrund einer Nutzwertermittlung am besten erfüllt.
Die hier angegebenen Ziele erfüllen in dieser Form nicht die Anforderungen der Nutzwertanalyse, d.h. sie sind nicht operational formuliert. Dadurch ist eine Kontrolle der möglichen Alternativen anhand dieser pauschalen Zielsetzung nicht möglich. In einem nächsten Schritt müssen also genauere Kriterien gefunden werden.

Bewertungskriterien formulieren

Pauschale Zielsetzungen müssen also zum Beispiel mit Hilfe der Technik der Aufgabengliederung weiter detailliert werden. Die technischen Daten der vorhandenen Lösungsalternativen unterstützen dabei (Abbildung 2). Dabei ist darauf zu achten, dass
- möglichst quantifizierbare Merkmale (Messkriterien; Zielausmaß) gefunden werden,
- möglichst alle Kriterien für ein vorgegebenes Ziel angeführt werden,

- verschiedene Bewertungskriterien nicht den gleichen Inhalt abbilden (z.b. Ladefläche und Ladevolumen),
- die Bewertungskriterien voneinander unabhängig sind (z.b. Motorstärke in kW (PS) und Beschleunigungsvermögen).

Beschreibung	Transporter Typ 1	Transporter Typ 2.1	Transporter Typ 2.2	Transporter Typ 3
Radstand	2950	3200	3200	3000
Zulässiges Gesamtgewicht [kg]	2700	2770	2770	2661
max. Nutzlast [kg]	960 - 1017	875 - 955	875 - 955	925
max. Dachlast [kg]	280	150	150	170
max. Laderaumvolumen [m^3]	5	5,19	5,19	5
max. Laderaumlänge [mm]	2.400	2667	2667	2254
Laderaumbreite max./zwischen Radkästen [mm]	1690/1268	1650/1277	1650/1277	1560/1260
max. Laderaumhöhe	1387	1264	1264	1390
Hubraum [cm^3]	1995	2148	2148	1560
Abgasnorm	Euro 4	Euro 4	Euro 4	Euro 4
Kraftstoff	Diesel	Diesel	Diesel	Diesel
max. Leistung [kW/PS]	66/90 bei 3.500 U/min	70/95 bei 3.800 U/min	70/95 bei 3.800 U/min	66/90 bei 4.000 U/min
Getriebe	6-Gang-Schaltgetriebe	6-Gang-Schaltgetriebe	6-Gang-Schaltgetriebe	5-Gang-Schaltgetriebe
Antriebsart	Frontantrieb	Hinterradantrieb	Hinterradantrieb	Frontantrieb
Kraftstoffverbrauch innerstädtisch [l/100 km]	10,1	11,7	11,8	8,5
Kraftstoffverbrauch außerstädtisch [l/100 km]	7,3	7,3	7,4	6,7
Kraftstoffverbrauch gesamt [l/100 km]	8,3	8,9	9	7,4
CO2-Emission [g/km]	222	237	239	242
Serviceintervalle [km]	30.000	40.000	40.000	30.000
Dieselpartikelfilter	nein	nein	ja	nein
Tankvolumen	90	75 + 9 Reserve	75 + 9 Reserve	80

Abbildung 2: Beschreibung / technische Daten der zur Auswahl stehenden Kleintransporter

Für das Beispiel gilt Folgendes:
1) Wirtschaftlich ist ein Kleintransporter dann, wenn er geringe Kosten pro gefahrenen Kilometer verursacht und die Reparaturwerkstatt einen guten Service bietet.
2) Die Güte des Werkstattservices ist für die Wirtschaftlichkeit wichtig, weil sich hinter diesem Sammelbegriff auch ein Maßstab für die Länge der Reparaturzeiten verbirgt, während denen der Kleintransporter dem Unternehmen nicht zur Verfügung steht.
3) Die Größe des Fahrzeugs wird anhand des Ladevolumens in m^3 gemessen. Auf das Anführen weiterer in der Praxis wichtiger Kriterien, wie z.b. die Zugänglichkeit der Ladefläche, wird hier der Übersichtlichkeit halber verzichtet.
4) Als Bewertungskriterium dafür, inwieweit sich der Kleintransporter als Arbeitsplatz eignet, wird der Fahrzeugkomfort als Sammelbegriff für eine ganze Reihe ergonomischer Bewertungskriterien verwendet (z.B. Gestaltung Innenraum, mechanische Schwingungen, Geräusche, u.v.m.).

Die Kosten und die Größe sind quantifizierbare Merkmale (€ bzw. m^3), während der Werkstattservice und der Fahrzeugkomfort nur qualitativ bewertbar sind (z.B. gut oder schlecht).

Alle Kriterien, die gewählt werden, müssen nach monetären und nicht-monetären Kriterien sortiert werden. Monetäre Kriterien können leicht in einer Wirtschaftlichkeitsanalyse (Kostenanalyse) berücksichtigt werden. Dagegen ist es Sinn und Zweck der Nutzwertanalyse schlecht quantifizierbare oder solche Kriterien, die zwar quantifizierbar sind, aber nicht ohne weiteres in Geldwert umgerechnet werden können, zu berücksichtigen. Daher ist eine kurze Vorauswahl der Bewertungskriterien sinnvoll (Abbildung 3):

	Nutzwert-Analyse	Kosten-Analyse
Kraftstoffverbrauch gesamt [l/100 km]		x
Serviceintervalle [km]	x	
Güte Werkstattservice	x	
max. Laderaumvolumen [m³]	x	
Fahrzeugkomfort (Radstand)	x	
Fahrzeugkomfort (max. Leistung [kW/PS])	x	
CO_2-Emission [g/km]	x	

Abbildung 3: Vorauswahl der Bewertungskriterien

Gewichtungsfaktoren ermitteln (Paarweiser Vergleich)

Da man den Bewertungskriterien je nach den vorherrschenden Rahmenbedingungen, wie z.B. Politik, Wirtschaftslage, etc., eine unterschiedlich große Bedeutung beimessen kann, muss man sie gewichten.

Dazu werden die Kriterien in eine Matrix eingetragen (Abbildung 4) und vom Auftraggeber, dem Organisator oder einem Entscheidungsausschuss mit Prioritäten versehen.

Man vergleicht paarweise ein Kriterium mit jedem anderen und fragt zum Beispiel: „Ist für die Transportaufgabe Kriterium 1 (Serviceintervalle [km]) bedeutsamer als Kriterium 2 (Gute Werkstattservice)?"

Je nach Antwort werden folgende Punkte vergeben:

2 : 0 ⇨ Kriterium 1 bedeutsamer/wichtiger als Kriterium 2
1 : 1 ⇨ Kriterium 1 gleich bedeutsam/wichtig als Kriterium 2
0 : 2 ⇨ Kriterium 1 weniger bedeutsam/wichtig als Kriterium 2

In der Summe müssen bei jedem Vergleich 2 Punkte vergeben werden. Das Ergebnis der Punkteverteilung führt in der Waagerechten zu einer Punktsumme je Bewertungskriterien, in der Senkrechten werden diese dann zu einer Gesamtpunktsumme aller Bewertungskriterien aufaddiert.

Da mit der Gewichtung in einem späteren Schritt gerecht werden muss, bildet man zweckmäßigerweise einen Gewichtungsfaktor.

Zu diesem Zweck dividiert man die Punktsumme je Kriterium durch die Gesamtpunktsumme aller Kriterien. Beispiel für die Ermittlung des Gewichtungsfaktors des Kriteriums „Serviceintervalle [km]": 7 / 30 = 0,233 (siehe Abbildung 4).

In Abbildung 4 ist die Gewichtungsfaktorenermittlung für das Beispiel dargestellt. Das Unternehmen legt danach Wert auf ein „max. Laderaumvolumen [m³], aber auch auf „Serviceintervalle [km]". Die anderen Bewertungskriterien folgen entsprechend ihrer Bedeutung.

Lfd. Nr.	Bewertungskriterien	1	2	3	4	5	6	7	8	9	10	11	12	13	14	15	16	Summe	Gewichtungsfaktor
1	Serviceintervalle [km]	×	1	2	2	2	0											7	0,233
2	Güte Werkstattservice	1	×	2	1	1	0											5	0,167
3	max. Laderaumvolumen [m³]	0	0	×	0	0	0											10	0,333
4	Fahrzeugkomfort (Radstand)	2	1	2	×	0	1											4	0,133
5	Fahrzeugkomfort (max. Leistung [kW/PS])	2	1	2	2	×	1											2	0,067
6	CO2-Emission [g/km]	2	2	2	1	1	×											2	0,067
7								×											
8									×										
9										×									
10											×								
11												×							
12													×						
13														×					
14															×				
15																×			
16																	×		
	Summe																	30	1

Abbildung 4: Paarweiser Vergleich gewählter Bewertungskriterien zur Ermittlung der Gewichtungsfaktoren

Da die Auswahl der Bewertungskriterien und vor allem deren Gewichtung einen wesentlichen Einfluss auf die spätere Entscheidung hat, sollten diese Schritte möglichst mit mehreren Personen und besonders in Abstimmung mit der Entscheidungsinstanz (Auftraggeber der Nutzwertanalyse) durchgeführt werden.

Alternativen auswählen

Nach Aufstellung der Ziele in der Konzeptionsphase werden die Handlungs- und Lösungsalternativen zusammengestellt. Ist die zu dem Zeitpunkt praktizierte Lösung nicht aus bestimmten Gründen von vornherein ausgeschaltet worden (z.B. weil sie veraltet ist), so kann sie als Alternative in die Bewertung mit aufgenommen werden. Es wird angenommen, dass für das vorliegende Beispiel vier Kleintransporter (-Alternativen), die Typen 1, 2.1, 2.2 und 3, in Frage kommen. Hierbei ist anzumerken, dass sich Typ 2.1 und 2.2 nur hinsichtlich des Dieselpartikelfilters unterscheiden.

Zielerfüllungsfaktoren ermitteln

Mit diesem Schritt wird ermittelt, wie gut jede Alternative die einzelnen Bewertungskriterien erfüllt. Hierfür benötigt man eine „Erfüllungsskala". Im vorliegenden Beispiel werden die vier Alternativen Typ 1, Typ 2.1, Typ 2.2 und Typ 3 in eine Reihenfolge der Zielerfüllung gebracht. Es wird also festgestellt, welcher der Kleintransporter die Bewertungskriterien am besten, am zweitbesten und am schlechtesten erfüllt (Rangfolge). Dem Kleintransporter, der das jeweilige Bewertungskriterium am besten erfüllt, wird der Erfüllungsfaktor 4 zugewiesen, der zweitbeste erhält den Faktor 3, der schlechteste den Faktor 1.

In Abbildung 5 ist das Ergebnis des Vergleichs der Alternativen dargestellt. Der letzten Zeile kann man entnehmen, dass der Kleintransporter Typ 1 die geringste CO_2-Emission aufweist gefolgt von Typ 2.1 und 2.2 und Typ 3 die höchste CO_2-Emission hat.

Lfd. Nr.	Bewertungs-kriterien	Typ 1	Typ 2.1	Typ 2.2	Typ 3
1	Serviceintervalle [km]	1,5	3,5	3,5	1,5
2	Güte Werkstattservice	1,5	3,5	3,5	1,5
3	max. Laderaumvolumen [m³]	1,5	3,5	3,5	1,5
4	Fahrzeugkomfort (Radstand)	1,0	3,5	3,5	2,0
5	Fahrzeugkomfort (max. Leistung [kW/PS])	1,5	3,5	3,5	1,5
6	CO_2-Emission [g/km]	4,0	3,0	2,0	1,0

Abbildung 5: Tabelle zur Ermittlung der Zielerfüllungsfaktoren

Werden zwei Alternativen als gleichwertig angesehen, so wird das arithmetische Mittel der zugehörigen Rangplatzfaktoren vergeben. Beispiel: Zwei Alternativen, die gemeinsam die beste Zielerfüllung aufweisen, erhielten im Beispiel den Mittelwert der Zielerfüllungsfaktoren 4 und 3, also (4 + 3) / 2 = 3,5. Oder die beiden schlechtesten erhielten (2 + 1) / 2 = 1,5.

Wenn jede Alternative bei jedem Kriterium den gleichen Zielerfüllungsfaktor erhält (Alternative Typ 3 z.B. immer den ersten Platz mit dem Faktor 4), so kann man das Ergebnis des Vergleichs der Alternativen schon jetzt in Abbildung 5 ablesen und die weiteren Schritte erübrigen sich.

Teilnutzwerte ermitteln

Aus den Gewichtungsfaktoren der Bewertungskriterien (vgl. Abbildung 4) und den Zielerfüllungsfaktoren (vgl. Abbildung 5) wird das Produkt gebildet, das als Teilnutzwert bezeichnet wird. Ein Teilnutzwert zeigt die relative (zu den anderen Alternativen) Vorzugswürdigkeit einer Alternative bezogen auf **ein** Bewertungskriterium.

Der Abbildung 6 kann das Ergebnis dieses Schritts entnommen werden. Der Kleintransporter Typ 3 hat zum Beispiel beim Kriterium „Fahrzeugkomfort (Radstand)" einen Teilnutzwert von 0,133 x 2 = 0,267 erhalten. Damit ist der gewichtete Zielerreichungsgrad der Kleintransporters Typ 2.1 und Typ 2.2 beim Kriterium „Fahrzeugkomfort (Radstand)" höher als der des Kleintransporters Typ 1, und dessen gewichteter Zielerreichungsgrad als auch der des Typs 3 sind geringer als die der Kleintransporter Typ 2.1 und Typ 2.2.

Lfd. Nr.	Bewertungs-kriterien	Gewichtungs-faktor	Alternativen					
			Typ 1		Typ 2.1		Typ 2.2	
			Ziel-erfüllungs-faktor	Teil-nutz-wert	Ziel-erfüllungs-faktor	Teil-nutz-wert	Ziel-erfüllungs-faktor	Teil-nutz-wert
								Typ 3
								Ziel-erfüllungs-faktor / Teil-nutz-wert
1	Serviceintervalle [km]	0,233	1,50	**0,350**	3,50	**0,817**	3,50	**0,817**
2	Güte Werkstattservice	0,167	1,50	**0,250**	3,50	**0,583**	3,50	**0,583**
3	max. Laderaumvolumen [m³]	0,333	1,50	**0,500**	3,50	**1,167**	3,50	**1,167**
4	Fahrzeugkomfort (Radstand)	0,133	1,00	**0,133**	3,50	**0,467**	3,50	**0,467**
5	Fahrzeugkomfort (max. Leistung [kW/PS])	0,067	1,50	**0,100**	3,50	**0,233**	3,50	**0,233**
6	CO2-Emission [g/km]	0,067	4,00	**0,267**	3,00	**0,200**	2,00	**0,133**

Typ 3 Zielerfüllungsfaktoren / Teilnutzwerte:
1,50 / **0,350**
1,50 / **0,250**
1,50 / **0,500**
2,00 / **0,267**
1,50 / **0,100**
1,00 / **0,067**

Abbildung 6: Tabelle zur Ermittlung der Teilnutzwerte

Gesamtnutzwerte ermitteln und Rangfolge der Alternativen ausweisen

Der Gesamtnutzwert oder meist Nutzwert genannt je Alternative ergibt sich aus der Addition aller Teilnutzwerte je Alternative. Der Nutzwert des Typs 3 ergibt sich also aus 0,350 + 0,250 + 0,500 + 0,267 + 0,100 + 0,067 = 1,533 (siehe Abbildung 7).

Man sollte bei der Interpretation der Teilnutzwerte bzw. der Gesamtnutzwerte aber immer beachten, dass die hier ermittelten Werte keine absoluten, sondern nur relative Größen sind. So kann man zum Beispiel aus Abbildung 6 nur schließen, dass der Teilnutzwert für den „CO_2-Emission [g/km]" beim Kleintransporter Typ 3 viermal so hoch ist wie beim Typ 1. Der genaue Zahlenwert (vor allem auch die Stellen hinter dem Komma) sind nur so „genau" angegeben, weil sie Ergebnisse eines notwendigen Rechenprozesses sind! Die Aussage ist immer eine Rangfolge! In Realität (siehe Abbildung 2) ist natürlich die „CO_2-Emission [g/km]" beim Kleintransporter Typ 3 nicht viermal so hoch!

Die Nutzwerte werden dann abschließend in der Weise in einer Reihenfolge gebracht (siehe Abbildung 7), dass die Alternativen mit dem höchsten Nutzwert den ersten Rang (hier: Kleintransporter Typ 2.1), die Alternative mit dem niedrigsten Nutzwert den letzten Rang einnimmt (hier: Kleintransporter Typ 3).

Lfd. Nr.	Bewertungs-kriterien	Gewichtungs-faktor	Alternativen							
			Typ 1		Typ 2.1		Typ 2.2		Typ 3	
			Ziel-erfüllungs-faktor	Teil-nutz-wert	Ziel-erfüllungs-faktor	Teil-nutz-wert	Ziel-erfüllungs-faktor	Teil-nutz-wert	Ziel-erfüllungs-faktor	Teil-nutz-wert
1	Serviceintervalle [km]	0,233	1,50	0,350	3,50	0,817	3,50	0,817	1,50	0,350
2	Güte Werkstattservice	0,167	1,50	0,250	3,50	0,583	3,50	0,583	1,50	0,250
3	max. Laderaumvolumen [m³]	0,333	1,50	0,500	3,50	1,167	3,50	1,167	1,50	0,500
4	Fahrzeugkomfort (Radstand)	0,133	1,00	0,133	3,50	0,467	3,50	0,467	2,00	0,267
5	Fahrzeugkomfort (max. Leistung [kW/PS])	0,067	1,50	0,100	3,50	0,233	3,50	0,233	1,50	0,100
6	CO_2-Emission [g/km]	0,067	4,00	0,267	3,00	0,200	2,00	0,133	1,00	0,067
7										
8										
9										
10										
11										
12										
13										
14										
15										
16										
	Gesamtnutzwert		1,600		3,467		3,400		1,533	
	Rangfolge		3		1		2		4	

Abbildung 7: Tabelle zur Ermittlung der Teilnutzwerte, der Nutzwerte und der Rangfolge

Interpretation des Ergebnisses

Der Abbildung 7 kann entnommen werden, dass der absolute Wert des Nutzwerts der Alternativen Typ 2.1 (3,467) und Typ 2.2 (3,400) sehr nahe beieinander liegen, während die Alternativen Typ 3 und Typ 1 relativ deutlich schlechter abschneiden. In einem solchen Fall sollte man die nahe beieinanderliegenden Alternativen noch einmal überprüfen. Dazu gibt es folgende Möglichkeiten:

- Überlegungen anstellen, ob nicht ein oder mehrere zusätzliche Bewertungskriterien gefunden werden können (im Beispiel wäre die Ergänzung durch das Kriterium „passive Sicherheit bei möglichen Unfällen" denkbar)

- Prüfen, ob die erwähnten Bedingungen (nicht gleicher Inhalt; Unabhängigkeit der Kriterien untereinander) wirklich gegeben sind.

- Die gewählten Bewertungskriterien, die Gewichtungs- und die Zielerfüllungsfaktoren feiner untergliedern.

Letzteres soll im Folgenden noch einmal behandelt werden.

Mehrstufige Ermittlung der Bewertungskriterien und Gewichtungsfaktoren

Am gewählten Beispiel wurden die vier Alternativen aus Gründen der Übersichtlichkeit mit Hilfe von nur sieben Beurteilungskriterien bewertet. In der Praxis wird die Anzahl der Bewertungskriterien meist erheblich höher sein. Dann ist es sinnvoll, mit Hilfe der Aufgabengliederung Hierarchien von Kennzahlen zu bilden, d.h. Hauptkriterien zu definieren, und diese in eine Anzahl von Unterkriterien aufzuspalten. In Abbildung 8 ist ein derartiger erweiterter Katalog in zwei Ebenen von Bewertungskriterien dargestellt, und zwar als Erweiterung zu den bisher im Beispiel verwendeten Kriterien (vgl. Abbildung 3 und 4).

Bewertungs-kriterien (Überkriterien)	Punkte-summe	Unterkriterien der Bewertungskriterien	Punkte-aufteilung	Gewichtungs-faktoren
Service	16,7	Qualität	5,6	0,056
		Schnelligkeit	5,5	0,055
		Verfügbarkeit	5,6	0,056
Laderaum	26,6	Nutzlast [kg]	4,5	0,045
		Dachlast [kg]	3,5	0,035
		Laderaumvolumen [m³]	4,0	0,04
		Laderaumlänge [mm]	6,0	0,06
		Laderaumbreite [mm]	6,0	0,06
		Laderaumhöhe [mm]	2,6	0,026
Fahrerkomfort	10,0	max. Geräuschpegel [dBA]	2,0	0,02
		Heizung	2,0	0,02
		Belüftung	3,0	0,03
		Ergonomie	3,0	0,03
Flexibilität	16,7	Möglichkeiten des Einbaus	8,7	0,087
		Möglichkeiten des Aufbaus	4,0	0,04
		max. Zuglast (Anhänger)	4,0	0,04
Fahrleistung	6,7	Höchstgeschwindigkeit [km/h]	3,7	0,037
		Beschleunigung	3,0	0,03
Sicherheit	23,3	Fahrwerk	5,5	0,055
		Karosserie	3,5	0,035
		Anzahl Airbags	4,5	0,045
		ABS	5,5	0,055
		ESB	4,3	0,043
	100		100,0	1,00

Abbildung 8: Zweistufige Herleitung der Gewichtungsfaktoren

Aus Abbildung 8 kann ferner entnommen werden, welche Gewichtungsfaktoren für die erste Gliederungsebene ermittelt wurden. Dem Kriterium „Service" wurden zum Beispiel 16,7 Punkte zugewiesen, der „Sicherheit" 23,3 Punkte usw.. Diese Aufteilung kann man z.b. durch eine direkte Zuordnung oder wieder mit Hilfe eines paarweisen Vergleichs vorgenommen werden, siehe Abbildung 9.

Die direkte Zuordnung der Punkte und damit die direkte Ermittlung der Bewertungsfaktoren gehen zwar schneller als der paarweise Vergleich. Der paarweise Vergleich hat jedoch den Vorteil, widersprüchliches Urteilsverhalten der Bewerter aufzudecken.

Eine direkte Punktezuordnung und der paarweise Vergleich können auch kombiniert angewendet werden, z.b. der paarweise Vergleich in der ersten Ebene und die direkte Punktezuordnung in der zweiten Ebene.

In einem zweiten Schritt verteilt man die Punkte der Hauptkriterien auf die zugehörigen Unterkriterien. Die für das Kriterium „Flexibilität" vergebenen 16,7 Punkte werden zu 8,7 Punkten auf die „Möglichkeiten des Einbaus", zu 4 Punkten auf die „Möglichkeiten des Aufbaus" und zu 4 Punkten auf die „max. Zuglast (Anhänger)" verteilt. Daraus werden dann, wie anhand des Beispiels gezeigt, die Gewichtungsfaktoren abgeleitet. Die Punktesummensammlung und die Punkteaufteilung können über einfaches Vergleichen und Schätzen in direkter Zuordnung erfolgen.

Bewertungs- kriterien (Über- kriterium)	Service	Laderaum	Fahrerkomfort	Flexibilität	Fahrleistung	Sicherheit	Summe	Gewichungsfaktor
Service	x	0	2	1	1	1	5	16,667
Laderaum	2	x	1	2	2	1	8	26,667
Fahrerkomfort	0	1	x	1	1	0	3	10,000
Flexibilität	1	0	1	x	2	1	5	16,667
Fahrleistung	1	0	1	0	x	0	2	6,667
Sicherheit	1	1	2	1	2	x	7	23,333
Summe							30	100

Abbildung 9: Zweistufige Herleitung der Gewichtungsfaktoren

Auf jeden Fall ist es sinnvoller, nach dem Prinzip „vom Groben zum Detail" vorzugehen und zunächst die höhere, gröbere Ebene zu gewichten und dann die Punkte für die darunterliegende feinere Ebene zu vergeben.

Verfeinerung des Maßstabs der Zielerfüllungsfaktoren

Beim Beispiel wurden die Zielerfüllungsfaktoren ausschließlich aufgrund ihrer Rangfolge ermittelt. Dabei wurden auch Kriterien, denen quantifizierbare Merkmale zugrunde liegen, wie das Volumen oder die Kosten, nur in der Rangfolge erfasst und somit Informationen ungenutzt gelassen, die man hätte nutzen können.

Dieses Erkenntnis führt dazu, dass man Kriterien, die monetär bewertbar sind, entweder aus der Nutzwertanalyse herausnimmt und neben der Nutzwertanalyse eine Wirtschaftlichkeits- bzw. Investitionsrechnung durchführt oder man versucht auch bei den anderen Kriterien, von einer bloßen Rangfolge auf einen verfeinerten Maßstab (Skala) überzugehen. Eine einfache Rangfolge wird umso mehr zu unsicheren Ergebnissen führen, je weniger sich die Alternativen in den einzelnen Bewertungskriterien unterscheiden, zum Beispiel wenn das Ladevolumen der vier Kleintransporter nur um wenige Kubikdezimeter voneinander abweichen.

In Abbildung 10 wurden deshalb die Bewertungskriterien in einer Fünferskala erfasst. Auch die nicht quantifizierbaren Bewertungskriterien (Fahrerkomfort, Service und Flexibilität) werden so beschrieben, dass die Anwender der Analyse die Zielerfüllung je Alternative auf dieser Skala genauer angeben können.

Skala der Zielerfüllungsfaktoren Bewertungskriterien	> 0 ... 2	> 2 ... 4	> 4 ... 6	> 6 ... 8	> 8 ... 10
Kraftstoffverbrauch gesamt [l/100 km]	< 10	< 9	< 8	< 7	< 6
Serviceintervalle [km]	< 25.000	< 30.000	< 35.000	< 40.000	< 45.000
Güte Werkstattservice	mangelhafter Service, zu viele Reklamationen	ausreichender Service, viele Reklamationen	zufriedenstellender Service	guter Service, hin und wieder mal eine Reklamation	immer alles top, keine Reklamationen
max. Laderaumvolumen [m³]	< 4,8	< 5,0	< 5,2	< 5,4	< 5,6
Fahrzeugkomfort (Radstand)	< 2.900	< 3.000	< 3.100	< 3.200	< 3.300
Fahrzeugkomfort (max. Leistung [kW])	< 60	< 65	< 70	< 75	< 80
CO_2-Emission [g/km]	< 245	< 240	< 235	< 230	< 225

Abbildung 10: Tabelle zur detaillierteren Stufung der Zielerfüllungsfaktoren

Je besser die Beschreibung in den einzelnen Klassen sowie die Beschreibung der vorliegenden Eigenschaften bei den Alternativen sind, desto zweifelsfreier können die Zielerfüllungsgrade bestimmt werden. In Abbildung 11 sind die Merkmalsausprägungen der Kleintransporter dargestellt. In Abbildung 12 werden aufgrund der vorhergehend erarbeiteten Information die Zielerfüllungsfaktoren ermittelt und in Abbildung 13 die Nutzwerte sowie die Rangfolge ermittelt.

Bewertungskriterien \ Alternativen	Typ 1	Typ 2.1	Typ 2.2	Typ 3
Serviceintervalle [km]	30.000	40.000	40.000	30.000
Güte Werkstattservice	zufriedenstellend	sehr gut	sehr gut	zufriedenstellend
max. Laderaumvolumen [m³]	5	5,19	5,19	5
Fahrzeugkomfort (Radstand)	2.950	3.200	3.200	3.000
Fahrzeugkomfort (max. Leistung [kW])	66	70	70	66
CO_2-Emission [g/km]	222	237	239	242

Abbildung 11: Merkmalsausprägungen der Alternativen in den Bewertungskriterien

Bewertungskriterien \ Alternativen	Typ 1	Typ 2.1	Typ 2.2	Typ 3
Serviceintervalle [km]	4	8	8	4
Güte Werkstattservice	5	8	8	5
max. Laderaumvolumen [m³]	4	6	6	4
Fahrzeugkomfort (Radstand)	3	8	8	4
Fahrzeugkomfort (max. Leistung [kW])	4	6	6	4
CO_2-Emission [g/km]	9	4	3	1

Abbildung 12: Tabelle zur Ermittlung der Zielerfüllungsfaktoren

Lfd. Nr.	Bewertungs-kriterien	Gewichtungs-faktor	Alternativen					
			Typ 1		Typ 2.1		Typ 2.2		Typ 3
			Ziel-erfüllungs-faktor	Teil-nutz-wert	Ziel-erfüllungs-faktor	Teil-nutz-wert	Ziel-erfüllungs-faktor	Teil-nutz-wert	Ziel-erfüllungs-faktor	Teil-nutz-wert
1	Serviceintervalle [km]	0,233	4	0,933	8	1,867	8	1,867	4,00	0,933
2	Güte Werkstattservice	0,167	5	0,833	8	1,333	8	1,333	5,00	0,833
3	max. Laderaumvolumen [m³]	0,333	4	1,333	6	2,000	6	2,000	4,00	1,333
4	Fahrzeugkomfort (Radstand)	0,133	3	0,400	8	1,067	8	1,067	4,00	0,533
5	Fahrzeugkomfort (max. Leistung [kW/PS])	0,067	4	0,267	6	0,400	6	0,400	4,00	0,267
6	CO_2-Emission [g/km]	0,067	9	0,600	4	0,267	3	0,200	1,00	0,067
7										
8										
9										
10										
11										
12										
13										
14										
15										
16										
	Gesamtnutzwert		4,367		6,933		6,867		3,967	
	Rangfolge		3		1		2		4	

Abbildung 13: Tabelle zur Ermittlung der Nutzwerte und der Rangfolge

Berücksichtigung der wirtschaftlichen Bewertungskriterien in der Nutzwertanalyse

Um die in der Praxis vorkommende hohe Gewichtung der wirtschaftlichen Bewertung entsprechend zu berücksichtigen, kann man alle monetär bewertbaren Kriterien zunächst einmal getrennt im Rahmen einer Wirtschaftlichkeitsrechnung betrachten. Ergebnis der Wirtschaftlichkeitsrechnung ist wiederum ein Zahlenwert, wie ein Deckungsbetrag, Kapitalwert oder einzelne Kosten, wie Anschaffungskosten, Reparatur- und Wartungskosten, Nutzungskosten, etc. Die Nutzwertanalyse kann das Ergebnis einer Wirtschaftlichkeitsrechnung und das Ergebnis einer Nutzwertanalyse zu einem Gesamtergebnis zusammenführen.

Wendet man diese Vorgehensweise auf das Beispiel an, so verbleiben noch die Kriterien: Anschaffungskosten, durchschnittlich laufende Kosten [€/a] und Nutzwert übrig. Hier werden die durchschnittlich laufenden Kosten [€/a] durch die Kriterien Reparatur- und Wartungskosten sowie Kraftstoffverbrauch [l/100 km] repräsentiert (siehe Abbildung 14).

Im gewählten Beispiel wurden die folgenden Annahmen hinsichtlich Kosten getroffen:
- 5 Jahre Nutzungsdauer
- Jährliche Laufleistung: 50.000 km
- Kraftstoffpreis: 1,40 €/l

	Typ 1	Typ 2.1	Typ 2.2	Typ 3
Anschaffungskosten [€]	27.000,00 €	31.500,00 €	32.300,00 €	25.000,00 €

	Typ 1	Typ 2.1	Typ 2.2	Typ 3
Reparatur- u. Wartungskosten [€]	700,00 €	800,00 €	850,00 €	600,00 €
Kraftstoffverbrauch [l / 100 km]	8,3	8,9	9	7,4
durchschnittl. Kosten [€/a]	6.510,00 €	7.030,00 €	7.150,00 €	5.780,00 €

Abbildung 14: Anschaffungskosten der Alternativen sowie durchschnittlichen Kosten pro Nutzungsjahr

Die Tabelle der Gewichtungsfaktoren (Abbildung 4) reduziert sich dann auf die in Abbildung 15 gezeigten Angaben.

Bewertungs- kriterien	Anschaffungskosten	laufende Kosten	Nutzwert					Summe	Gewichungsfaktor
Anschaffungskosten	x	1	1					2	0,333
laufende Kosten	1	x	1					2	0,333
Nutzwert	1	1	x					2	0,333
				x					
					x				
						x			
							x		
								6	1

Abbildung 15: Tabelle zur Ermittlung der Gewichtungsfaktoren für Kosten-Kriterien und Nutzwert

Unter der Verwendung der Nutzwerte aus Abbildung 13 und der Kosten (Abbildung 14) errechnet sich ein Gesamtergebnis wie in Abbildung 16 dargestellt.

Lfd. Nr.	Bewertungs- kriterien	Gewichtungs- faktor	Alternativen							
			Typ 1		Typ 2.1		Typ 2.2		Typ 3	
			Ziel- erfüllungs- faktor	Teil- nutz- wert	Ziel- erfüllungs- faktor	Teil- nutz- wert	Ziel- erfüllungs- faktor	Teil- nutz- wert	Ziel- erfüllungs- faktor	Teil- nutz- wert
1	Anschaffungskosten	0,333	3,00	0,999	2,00	0,666	1,00	0,333	4,00	1,332
2	laufende Kosten	0,333	3,00	0,999	2,00	0,666	1,00	0,333	4,00	1,332
3	Nutzwert	0,333	1,50	0,500	3,50	1,166	3,50	1,166	1,50	0,500
4										
5										
		Gesamtnutzwert	2,50		2,50		1,83		3,16	
		Rangfolge	2		2		3		1	

Abbildung 16: Tabelle zur Ermittlung eines Gesamtergebnisses

Vergleicht man die Ergebnisse der Nutzwertanalyse aus Abbildung 7 mit dem Gesamtergebnis aus Abbildung 16 unter Berücksichtigung der Kosten, stellt man fest, dass sich die Rangfolge geändert hat. Hier der Vergleich:

Analyse	Rangfolge			
	Typ 1	Typ 2.1	Typ 2.2	Typ 3
Rangfolge Abb. 7 (reine Nutzwertanalyse)	3	1	2	4
Rangfolge Abb. 16 (Gesamtergebnis)	2	2	3	1

Abbildung 17: Vergleich unterschiedlicher Analysen

Auffällig ist, dass sich Alternative Kleintransporter Typ 1 und Typ 3 von Platz 3 und 4 nach der reinen Nutzwertanalyse auf Platz 1 bzw. Platz 2 schieben, wenn Kosten berücksichtigt werden. Hier stellt sich die Frage, ob die Kriterien der Wirtschaftlichkeit nicht überbewertet sind.

Eine kurze Prüfung durch Änderung der Gewichtungsfaktoren (Nutzwert mit 50 % und alle Wirtschaftlichkeitskriterien in Summe ebenfalls mit 50 % gewertet) zeigt, dass sich ein vergleichbares Ergebnis mit der reinen Nutzwertanalyse hinsichtlich Typ 2.1 und Typ 2.2 ergibt (siehe Abbildung 18).

Lfd. Nr.	Bewertungskriterien	Gewichtungsfaktor	Alternativen							
			Typ 1		Typ 2.1		Typ 2.2		Typ 3	
			Zielerfüllungsfaktor	Teilnutzwert	Zielerfüllungsfaktor	Teilnutzwert	Zielerfüllungsfaktor	Teilnutzwert	Zielerfüllungsfaktor	Teilnutzwert
1	Anschaffungskosten	0,250	3,00	0,750	2,00	0,500	1,00	0,250	4,00	1,000
2	laufende Kosten	0,250	3,00	0,750	2,00	0,500	1,00	0,250	4,00	1,000
3	Nutzwert	0,500	1,50	0,750	3,50	1,750	3,50	1,750	1,50	0,750
4										
5		0,00								
	Gesamtnutzwert		2,25		2,75		2,25		2,75	
	Rangfolge		2		1		2		1	

Abbildung 18: Tabelle zur Ermittlung eines Gesamtergebnisses

Darstellung der Ergebnisse

Für die Darstellung der Ergebnisse gibt es im Wesentlichen zwei Möglichkeiten: Getrennte Darstellung der Ergebnisse aus Wirtschaftlichkeitsrechnung und Nutzwertanalyse oder eine gemeinsame Darstellung in einem Diagramm.

Im ersten Fall werden die Ergebnisse beispielsweise in der in Abbildung 20 gezeigten Form dargestellt. Hierzu wurden den Einmalkosten (Anschaffungskosten) und laufende Kosten zu durchschnittliche Kosten [€/a] zusammengefasst (Abbildung 19).

	Typ 1	Typ 2.1	Typ 2.2	Typ 3
Anschaffungskosten [€]	27.000,00 €	31.500,00 €	32.300,00 €	25.000,00 €
Reparatur- u. Wartungskosten [€]	700,00 €	800,00 €	850,00 €	600,00 €
Kraftstoffverbrauch [l / 100 km]	8,3	8,9	9	7,4
durchschnittl. Kosten [€/a]	11.910,00 €	13.330,00 €	13.610,00 €	10.780,00 €

Abbildung 19: Berechnung der durchschnittlichen Kosten [€/a]

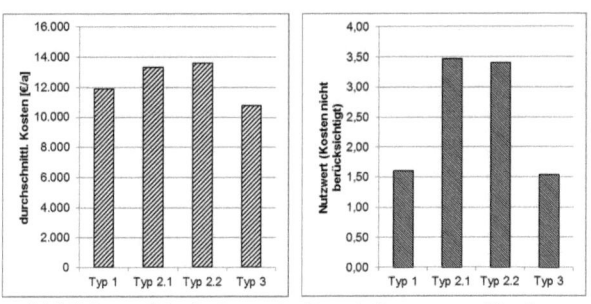

Abbildung 20: Getrennte Darstellung von Kosten und Nutzwert

Während bei den durchschnittlichen Kosten pro Nutzungsjahr Alternative Kleintransporter Typ 3 am günstigen ist (siehe Abbildung 20, links), erweist sich der Kleintransporter Typ 2.1 als der mit dem höchsten Nutzwert (siehe Abbildung 20, rechts).

Um diese beiden Entscheidungsgrößen wieder zusammenzuführen, kann man einen Nutzwert pro Geldeinheit pro Nutzungsjahr errechnen.

Die zweite Möglichkeit der Ergebnisdarstellung zeigt Abbildung 21.

Die Rangfolge der Alternativen wird hierbei nicht mehr durch den absoluten, sondern durch den auf eine Geldeinheit bezogenen und damit relativen Nutzwert bestimmt. Da die jährlichen durchschnittlichen Kosten der vier Alternativen differieren (siehe Abbildung 19), findet auch eine differenziertere Ermittlung des Nutzwerts statt. Betrachtet man den absoluten Nutzwert, ist der Kleintransporter Typ 2.1 die beste Alternative (vgl. Abbildung 7 und Abbildung 20, rechts). Nach der Ermittlung des relativen Nutzwerts ergibt sich ein nahezu unverändertes Ergebnis gegenüber der reinen Nutzwertanalyse. Bei stark schwankenden Kosten kann sich jedoch auch eine andere Rangfolge ergeben!

Immer dann, wenn wirtschaftliche Entscheidungsgesichtspunkte eine wesentliche Rolle spielen, wird der Nutzwert pro Geldeinheit zu sinnvolleren Ergebnissen führen, als Nutzwerte, bei denen die Kosten keine Berücksichtigung finden oder als ein Bewertungskriterium eingesetzt werden. Schließlich ist auch Folgendes zu bedenken: Im vorliegenden Beispiel ist keine Nutzenunabhängigkeit zwischen den einzelnen Bewertungskriterien gegeben. Die sechs nichtmonetären Ziele (Serviceintervalle, Güte Werkstattservice, max. Ladraumvolumen, Fahrzeugkomfort (Radstand), Fahrzeugkomfort (max. Leistung) und CO_2-Emission) lassen sich nämlich umso besser erfüllen, je höher die Kosten für eine Alternative sind. Insofern ist das Nutzen-Kosten-Verhältnis ein guter Vergleichsmaßstab für die Alternativen.

Diese Abhängigkeit lässt sich auch in einem Nutzwert-Kosten-Diagramm darstellen (Abbildung 22).

			Alternativen					
			Typ 1		Typ 2.1		Typ 2.2		Typ 3	
Lfd. Nr.	Bewertungs-kriterien	Gewichtungs-faktor	Ziel-erfüllungs-faktor	Teil-nutz-wert	Ziel-erfüllungs-faktor	Teil-nutz-wert	Ziel-erfüllungs-faktor	Teil-nutz-wert	Ziel-erfüllungs-faktor	Teil-nutz-wert
1	Serviceintervalle [km]	0,233	1,50	**0,350**	3,50	**0,817**	3,50	**0,817**	1,50	**0,350**
2	Güte Werkstattservice	0,167	1,50	**0,250**	3,50	**0,583**	3,50	**0,583**	1,50	**0,250**
3	max. Laderaumvolumen [m³]	0,333	1,50	**0,500**	3,50	**1,167**	3,50	**1,167**	1,50	**0,500**
4	Fahrzeugkomfort (Radstand)	0,133	1,00	**0,133**	3,50	**0,467**	3,50	**0,467**	2,00	**0,267**
5	Fahrzeugkomfort (max. Leistung [kW/PS])	0,067	1,50	**0,100**	3,50	**0,233**	3,50	**0,233**	1,50	**0,100**
6	CO2-Emission [g/km]	0,067	4,00	**0,267**	3,00	**0,200**	2,00	**0,133**	1,00	**0,067**
7										
8										
9										
10										
11										
12										
13										
14										
15										
16										
	Gesamtnutzwert		1,600		3,467		3,400		1,533	
	durchschnittl. Kosten [€/a]		11.910,00 €		13.330,00 €		13.610,00 €		10.780,00 €	
	relativer Nutzwert x 1.000		0,134		0,260		0,250		0,142	
	Rangfolge		4		1		2		3	

Abbildung 21: Tabelle zur Ermittlung der Nutzwerte je Geldeinheit

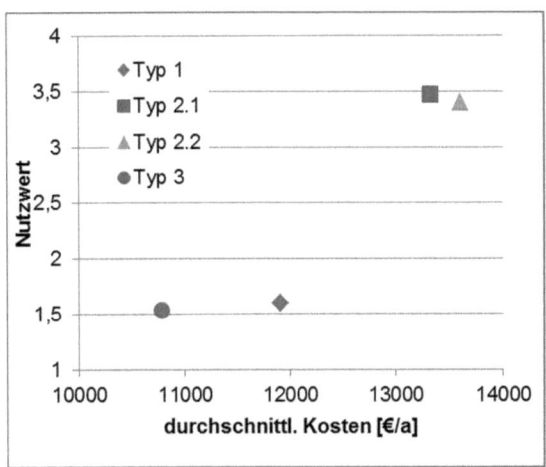

Abbildung 22: Nutzwert - Kosten - Diagramm

Zusammenfassung

Fehlentscheidungen bei kapitalintensiven und langfristigen Projekten lassen sich oft nur schwer und mit hohem finanziellen Aufwand korrigieren. Manager und Entscheider an verantwortlicher Stelle müssen komplexe Entscheidungen treffen und sind daher auf Entscheidungshilfen angewiesen.

Die Nutzwertanalyse erlaubt die Berücksichtigung eines multi-dimensionalen Zielsystems und bezieht neben objektiven auch subjektive Informationen in die Entscheidungsanalyse mit ein. Der Vorteil dieses Vorgehensweise, das in erster Linie auf die Analyse der großen Anzahl der unterschiedlichen Zielvorstellungen abzielt, besteht allgemein darin, dass die Entscheidungsproblematik komplexer Auswahlsituationen systematisch abgebaut und die Entscheidungsfindung transparent vollzogen werden kann.

Um eine begründete Entscheidung zu finden, sind folgende Probleme zu lösen:

- Alle entscheidungsrelevanten Größen müssen in Form situationsgerechter Ziele erkannt und zweckmäßig geordnet dargestellt werden.

- Die Alternativen müssen aufgrund ihrer zielrelevanten Konsequenzen vergleichend bewertet werden. Dazu müssen die Zielerträge von Alternativen entsprechend den Wertvorstellungen (Präferenzen) des Entscheidungsträgers miteinander verglichen werden.

Die Entscheidungsproblematik beruht auf der im Einzelfall zu beobachtenden Systemkomplexität, die es mit sich bringt, dass das Gesamtsystem in seinen zielrelevanten Wirkungszusammenhängen ganzheitlich nicht mehr überschaubar ist, die Gefahr besteht, dass Teilbetrachtungen zu unerwünschten Gesamtwirkungen des Systems führen.

Anhang

Formular – Paarweiser Vergleich

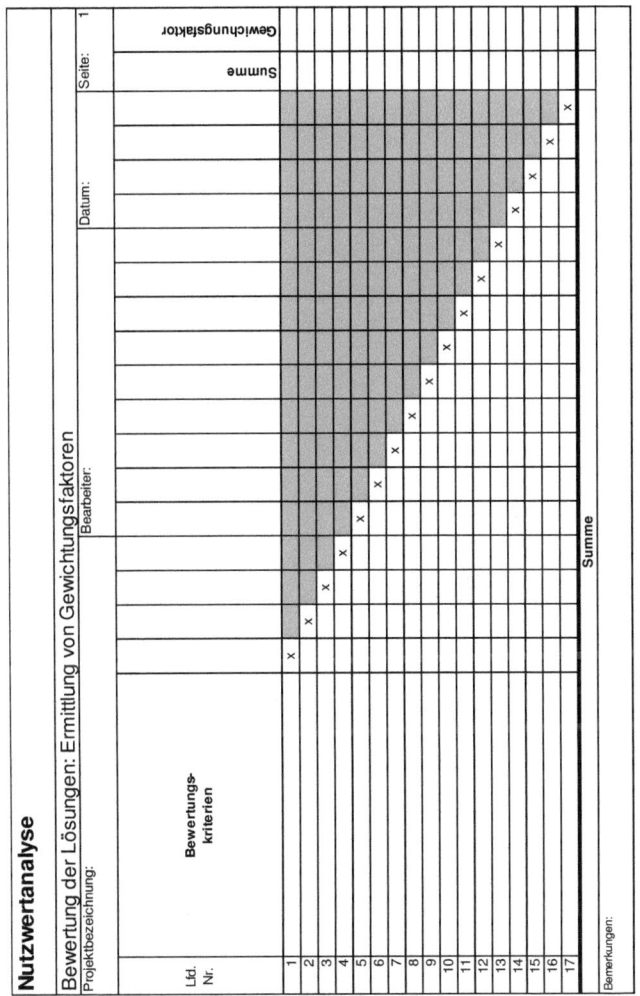

Abbildung 23: Formular „Paarweiser Vergleich"

Formular – Ermittlung Nutzwert

Abbildung 24: Formular „Ermittlung Nutzwert"

Glossar

Nutzwertanalyse	Systematische Bewertung von Handlungs- und Lösungsalternativen
Wertanalyse	Methode für die systematische Optimierung von Produkten – ausgerichtet am Kundennutzen. Die 10 Grundschritte der Wertanalyse sind in der EN12973 definiert. Die Nutzwertanalyse kann in der Wertanalyse als Entscheidungswerkzeug eingesetzt werden.
Gewichtungsfaktor	Bewertungskriterien haben je nach vorgesehenen Rahmenbedingungen unterschiedlich große Bedeutung und werden daher gewichtet. Als Werkzeug wird häufig der paarweise Vergleich eingesetzt.
Zielerfüllungsfaktoren	Für jedes Bewertungskriterium einer Lösungsalternative wird ein Zielerfüllungsfaktor ermittelt. Hierfür wird eine Erfüllungsskala verwendet.
Erfüllungsskala	Die Erfüllungsskala wird für die Ermittlung der Zielerfüllungsfaktoren eingesetzt.
Teilnutzwert	Der Teilnutzwert ist das Produkt aus Gewichtungsfaktor und Zielerfüllungsfaktor für jedes einzelne Bewertungskriterium und Lösungsalternative.
Nutzwert (Gesamtnutzwert)	Der Nutzwert ist die Summe aller Teilnutzwerte einer Lösungsalternative.

Verzeichnis der Abbildungen

Abbildung 1: Prozessdarstellung............7
Abbildung 2: Beschreibung / technische Daten der zur Auswahl stehenden Kleintransporter............9
Abbildung 3: Vorauswahl der Bewertungskriterien............11
Abbildung 4: Paarweiser Vergleich gewählter Bewertungskriterien zur Ermittlung der Gewichtungsfaktoren............13
Abbildung 5: Tabelle zur Ermittlung der Zielerfüllungsfaktoren............15
Abbildung 6: Tabelle zur Ermittlung der Teilnutzwerte............16
Abbildung 7: Tabelle zur Ermittlung der Teilnutzwerte, der Nutzwerte und der Rangfolge............18
Abbildung 8: Zweistufige Herleitung der Gewichtungsfaktoren............20
Abbildung 9: Zweistufige Herleitung der Gewichtungsfaktoren............21
Abbildung 10: Tabelle zur detaillierteren Stufung der Zielerfüllungsfaktoren............22
Abbildung 11: Merkmalsausprägungen der Alternativen in den Bewertungskriterien............23
Abbildung 12: Tabelle zur Ermittlung der Zielerfüllungsfaktoren............23
Abbildung 13: Tabelle zur Ermittlung der Nutzwerte und der Rangfolge............24
Abbildung 14: Anschaffungskosten der Alternativen sowie durchschnittlichen Kosten pro Nutzungsjahr............25
Abbildung 15: Tabelle zur Ermittlung der Gewichtungsfaktoren für Kosten-Kriterien und Nutzwert............26
Abbildung 16: Tabelle zur Ermittlung eines Gesamtergebnisses............26
Abbildung 17: Vergleich unterschiedlicher Analysen............27
Abbildung 18: Tabelle zur Ermittlung eines Gesamtergebnisses............27
Abbildung 19: Berechnung der durchschnittlichen Kosten [€/a]............28

Abbildung 20: Getrennte Darstellung von Kosten und Nutzwert 28

Abbildung 21: Tabelle zur Ermittlung der Nutzwerte je Geldeinheit.. 30

Abbildung 22: Nutzwert - Kosten - Diagramm.................... 31

Abbildung 23: Formular „Paarweiser Vergleich" 33

Abbildung 24: Formular „Ermittlung Nutzwert".................. 34

Der Autor

Dr. Norbert Herbig ist seit 2011 geschäftsführender Gesellschafter der PPV Consulting GmbH. Tätigkeitsbereiche sind die Produkt- und Prozessoptimierung. Nach dem Motto „We plan & produce value! erarbeitet Dr. Herbig strukturiert und methodenbasierend gemeinsam mit dem Kunden Verbesserungsansätze und Optimierungspotenziale. Seit 1996 konnte Herr Dr. Herbig berufliche Erfahrung als Projektingenieur und in leitenden Positionen in den Branchen chemischer Anlagenbau, Baunebengewerbe und Automobilzulieferindustrie sammeln. Er studierte von 1988 bis 1993 an der Universität Erlangen-Nürnberg Fertigungstechnik und promovierte 1998 an der Technischen Universität Wien. Berufsgeleitend absolvierte er ein Aufbaustudium des Wirtschaftsingenieurwesens an der Fern-Universität Hagen.

Der Impuls

In einer Welt steigender Komplexität fällt es uns und vor allem Führungskräften immer schwieriger, Entscheidungen zu treffen. Mit Hilfe der Nutzwertanalyse steht ein Werkzeug zur Verfügung, das dabei hilft und unterstützt, Entscheidungsfindungen zu versachlichen und nachvollziehbar zu dokumentieren. Entscheidungen aus dem Bauch heraus können richtig sein, sind meist aber nicht nachvollziehbar und natürlich auch nicht auf Basis von Fakten dokumentiert.

Die Nutzwertanalyse hat sich in der Praxis bei den unterschiedlichsten Aufgabenstellungen bewährt. Aufgrund ihrer Einfachheit lässt sie sich schnell in einem Workshop anderen Teilnehmern erklären und direkt anwenden.

Die Erfahrungen des Autors mit der Nutzwertanalyse gaben den Impuls zu diesem Buch

Das Buch

Das vorliegende Buch zeigt, wie mit Hilfe der Nutzwertanalyse Entscheidungen auf Basis definierter Ziele und Zielkriterien getroffen werden können. Die Vorgehensweise wird anhand eines Beispiels dargestellt.

Wesentliche behandelte Schwerpunkte sind die drei Phasen der Nutzwertanalyse: Konzeptions-, Bewertungs- und Ergebnisphase. Hierbei wird vor allem auf die Zieldefinition als auch Zielbewertungskriterien, auf die Gewichtung der Bewertungskriterien und auf die Ermittlung des Nutzwerts eingegangen.

2. Auflage

Wie es manchmal eben passiert, hatte sich in der 1. Auflage ab den Kapital „Berücksichtigung der wirtschaftlichen Bewertungskriterien in der Nutzwertanalyse" der Fehlerteufel eingeschlichen. In einzelnen Tabellen waren Zielerfüllungsfaktoren sowie die sich daraus resultierenden Rangfolgen leider nicht immer durchgängig richtig angegeben. Diese Fehler wurden nun in der 2. Auflage beseitigt.